前 言

  郑州地处中原腹地,是中国古代文明的重要起源地。考古资料表明,自旧石器时代起,这里就是中华民族繁衍生息的重要区域。从织机洞到老奶奶庙,从李家沟到裴李岗,从西山到王城岗,从新砦到郑州商城……,一座座历史的丰碑表明,独特丰富的华夏文明,很早就在这里,扎下了根、发出了芽,自此而生生不息。据郑州市第三次全国文物普查数据,辖区调查登录各类不可移动文物单位 10315 处,其中世界文化遗产 2 处,全国重点文物保护单位 74 处 80 项。

  多年来,在郑州开展工作的中国社会科学院考古研究所、北京大学、郑州大学及省市文物机构的考古工作者,调查发掘了各时期的文化遗存,发现了数量庞大内涵丰富的文化遗迹和遗物,我院现藏文物 10 万多件,有的还是惊世的国宝级文物。对于这些弥足珍贵的精美文物,以往我们的传播方式主要是在博物馆展柜、显示屏、网络等展览媒介中予以实物或照片展示,还有一类用的较多的方式就是图录、图册。其中图录、图册这一方式,虽然有其独特的门类优势,但是传统图录、图册所采用的单纯的图片方式已远远不能满足公众和学者对文物全面特征和特质的了解,经常会出现图案(包括线图)细节表现不清、多面特征不能全面展示、器物内部底部特征不明、发表者描述和研究者观察理解不一等情况。这一局面已有很久,造成了多年来存在于研究者、鉴赏者和文物(包括文物遗迹)发表者之间信息高度不对称的历史难题,更是文物界存在于考古报告编写者和研究者之间关于器物和遗迹特征认知理解存在偏差的重要原因。当然,在博物馆展柜实体展览、在显示屏和网络以照片形式展览也存在诸多不便捷、不清晰、不全面等缺点。

  近年来,习近平总书记在中央政治局第十二次集体学习及同墨西哥总统培尼亚共同出席在国家博物馆举行的"玛雅:美的语言"文化展开幕式等诸多场合,多次强调要让文物活起来。随着计算机图形、图像技术的发展以及网络中各类新媒体的兴起,让文物真正地活起来,让文物遗迹、遗物立体、快捷、高清地呈现在非考古发掘者、非文物公布者等公众面前,从而为他们的鉴赏和研究提供更为全面和更为翔实的信息,已成为可能和现实。为此,我院近年来决定与从事数字化存储、传输及展示的技术团队合作,发挥院藏文物丰富的优势,应时代之势和公众之需,开展文物三维动态鉴赏浏览系统的研发和应用工作。在文物三维动态鉴赏浏览系统中,我们运用了不少流行和新的计算机网络技术,其中超越传统渲染的 3D 云渲染技术,可以通过互联网随时随地提交渲染任务,实时查看和下载渲染结果。通过云端存储和二维码技术,可以在跨平台的移动终端进行分享和展示,确保用户在不需要下载任何插件的情况下,在手机、平板电脑、网页上直接进行三维文物模型鉴赏,实现三维文物的快速浏览（建议在 wifi 环境下，使用移动终端设备打开三维文物模型鉴赏），解决了目前文博单位制作大量的三维模型却因数据量太大无法全面展示的局限性，能够让观者能够自由浏览文物、让管理者有序的管理文物、让专家更便捷地去分析文物，为文物的展示、应用、保护、研究提供了崭新的界面。

此次，我们精心挑选了具有历史价值、艺术价值、科学研究价值的文物 157 件，包括石器、铜镜、钱币、铜带钩、陶俑、玉铲、铜卣、彩陶盆、佛造像等各个门类。这些文物基本涵盖了郑州历史文化的各个阶段，一定程度上代表了郑州不同历史阶段的文化信息，反映了郑州不同历史阶段的艺术魅力与华美风采。我们将这些文物三维动态化，网络化，同时与纸质媒介结合，予以单独出版。不过，本形式还有不少方面有待于继续创新和完善，像对于每一文物的解读尚未跟上，文中只对大河村彩陶盆、花地嘴朱砂瓮图案由我予以了初步的论证，这样不利于公众对每一文物信息全貌的了解，但是我相信，随着逐步的臻美，这一形式应该会成为文博类甚至是其他图像类图书出版的一个重要方向和趋势。

顾万发

2014 年 12 月 6 日

AIM 文物鉴赏平台简介

　　AIM（Advanced Infrastructure Manager）云渲染服务系统是基于服务器端的实时三维渲染，主要基于服务器端的GPU运算、渲染显示。AIM跨平台的三维技术显示服务，基于所有的计算在服务器端完成，终端用户只需要通过浏览器和AIM云渲染系统实时交换数据。

一、电脑上的AIM Cloud Viewer

　　电脑上操作三维模型的基本方法：

　　·鼠标左键旋转模型

　　·鼠标中键平移模型

　　·滚轮放大缩小模型

1. AIM Cloud Viewer 控制面板

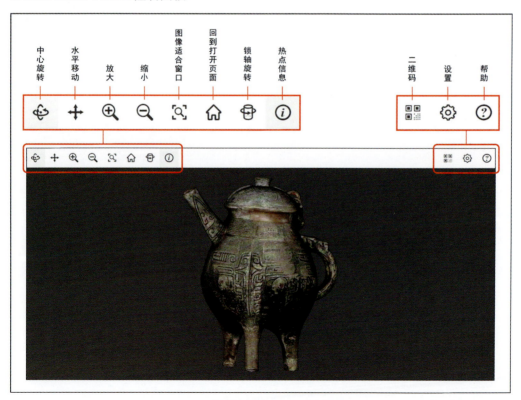

2.点击"设置"按钮，用户可以对文物的渲染效果进行设定，对文物显示的对比度、
背景颜色进行调整，以达理想鉴赏效果。

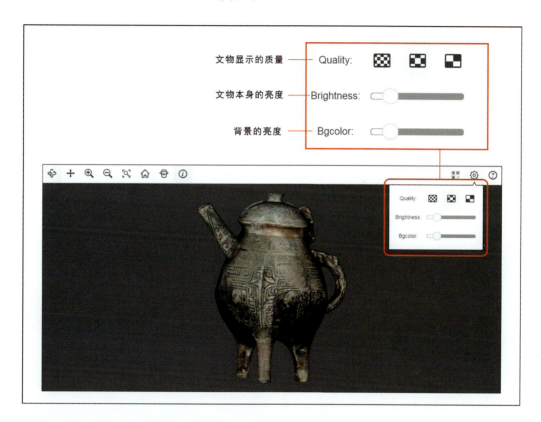

3. 移动设备可通过二维码访问对应的模型链接，在移动设备上查看操控三维模型。

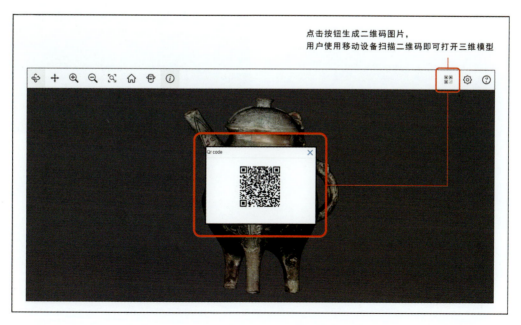

二、移动智能设备上的 AIM Cloud Viewer

智能手机上 AIM Cloud Viewer 的操作按钮会默认折叠起来。操作三维模型的基本方法：

- · 单指旋转模型
- · 两指保持距离滑动平移模型
- · 两指滑动缩放模型

1. 在智能手机上点击二维码"扫一扫"选项。

2. 将智能手机的相机镜头对准文物二维码图案，即可自动开始扫描。

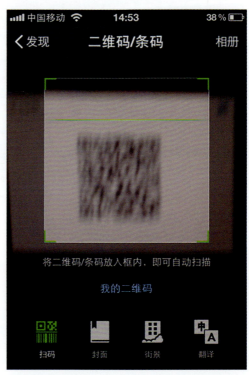

3. 点击 📄 按钮，展开AIM Cloud Viewer 操作面板，选择相应选项即可进行文物图像的旋转、放大、缩小等操作。

4. 再次点击 📄 按钮，隐藏AIM Cloud Viewer 操作面板，即可全屏360度动态观赏文物。

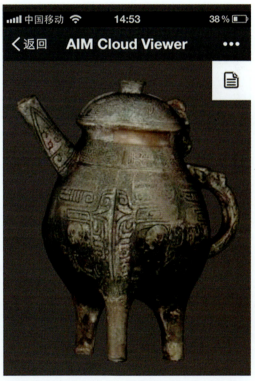

目 录

前言
AIM 文物鉴赏平台简介

旧石器时代 ………………………………………… 1

新石器时代 ………………………………………… 4

新砦期 ……………………………………………… 21

二里头文化 ………………………………………… 47

商文化 ……………………………………………… 57

两周时期 …………………………………………… 78

汉晋时期 …………………………………………… 97

隋唐时期 …………………………………………… 117

宋元时期 …………………………………………… 152

明清时期 …………………………………………… 172

后记 ………………………………………………… 180

旧石器时代

细石核

时代：旧石器时代

规格：长 2.4 厘米，宽 1.5 厘米

地点：2010 年新密李家沟遗址出土

细石核

时代：旧石器时代

规格：长 3 厘米，宽 1.3 厘米

地点：2010 年新密李家沟遗址出土

石锛

时代：旧石器时代

规格：长 10.7 厘米，宽 4.9 厘米，厚 2 厘米

地点：2010 年新密李家沟遗址出土

新石器时代

陶罐口沿残片

时代：李家沟文化

规格：长 10 厘米，宽 8.4 厘米，厚 0.9 厘米

地点：2010 年新密李家沟遗址出土

陶罐口沿残片

时代：李家沟文化

规格：长 5.7 厘米，宽 4.6 厘米，厚 1.3 厘米

地点：2010 年新密李家沟遗址出土

三足钵

时代：裴李岗文化
规格：口径 19.5 厘米，高 9.5 厘米
地点：2011 年郑州朱寨遗址出土

石磨盘

时代：裴李岗文化

规格：长 81.2 厘米，高 27.9 厘米

地点：1979 年郑州宋庄出土

玉饰件

时代：裴李岗文化

规格：直径 2.1 厘米，高 4.8 厘米

地点：2009 年新郑唐户遗址出土

彩陶盆

时代：仰韶文化

规格：口径46.5厘米，底径12.4厘米，高15.5厘米

地点：2009年新郑唐户遗址出土

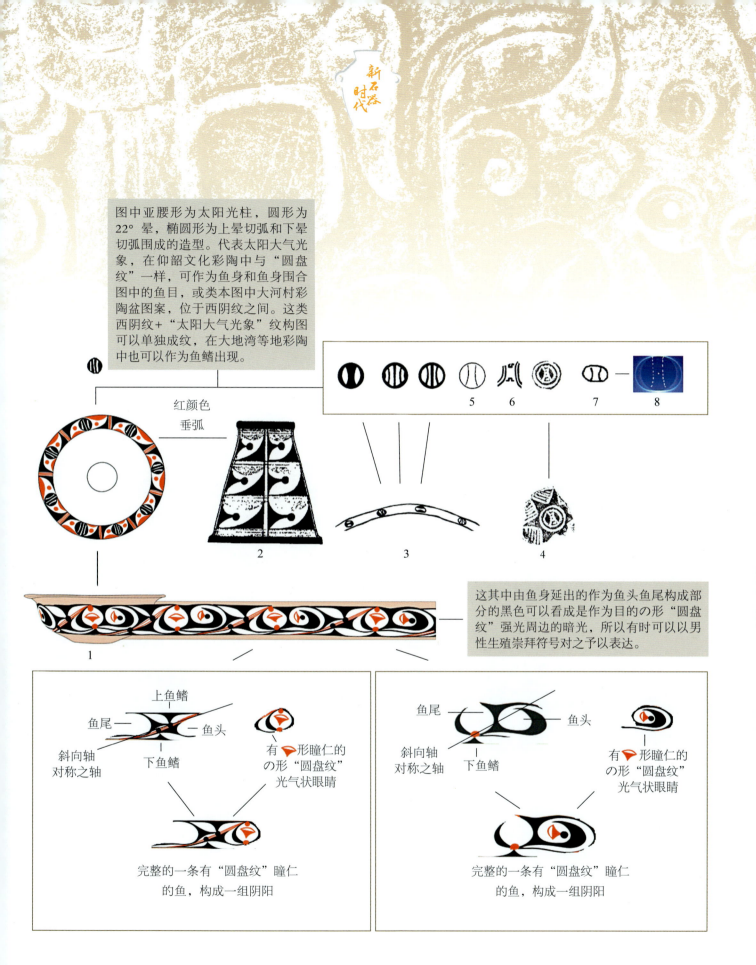

图中亚腰形为太阳光柱，圆形为22°晕，椭圆形为上晕切弧和下晕切弧围成的造型。代表太阳大气光象，在仰韶文化彩陶中与"圆盘纹"一样，可作为鱼身和鱼身围合图中的鱼目，或类本图中大河村彩陶盆图案，位于西阴纹之间。这类西阴纹+"太阳大气光象"纹构图可以单独成纹，在大地湾等地彩陶中也可以作为鱼鳍出现。

红颜色
垂弧

5   6   7   8

2   3   4

这其中由鱼身延出的作为鱼头鱼尾构成部分的黑色可以看成是作为目的的形"圆盘纹"强光周边的暗光，所以有时可以以男性生殖崇拜符号对之予以表达。

1

上鱼鳍
鱼尾 —   — 鱼头
斜向轴
对称之轴   下鱼鳍

有 形瞳仁的
的形"圆盘纹"
光气状眼睛

完整的一条有"圆盘纹"瞳仁
的鱼，构成一组阴阳

鱼尾   — 鱼头
斜向轴
对称之轴   下鱼鳍

有 形瞳仁的
的形"圆盘纹"
光气状眼睛

完整的一条有"圆盘纹"瞳仁
的鱼，构成一组阴阳

1. 大河村 2. 灵宝西坡 3. 洪山庙 4. 黄鳝嘴 5. 双墩 6. 龙虬庄 7. 弗利尔玉器 8. 太阳光象

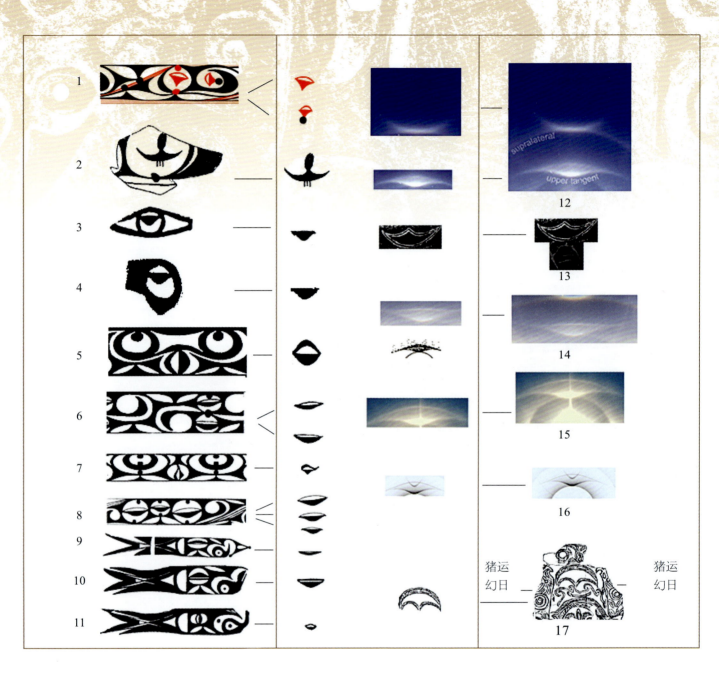

1. 大河村 2. 庙底沟（月牙形造型中，众人所谓太阳鸟尾，实际应是太阳22°晕切弧的明亮部分发出的光芒。这种月牙形的造型可以是整个帕瑞弧与22°晕切弧围成的造型，像图17；也可能是22°晕切弧及附近明亮部分的造型。有光芒者为后者，若没有光芒提示，则不易于区别，但这类者极少） 3、4. 姜寨〔从图中可以知道，这类造型可以作为太阳鸟之目，并且可以在作为鸟目和代表太阳的前提下充当鱼目，构成太阳之阳和鱼之阴的阴阳组合，从半坡人面（实际是太阳神面）鱼纹等诸多图案看，也表明鱼可像蛙、鹿、象、鸟、虎等一样参与运输太阳。从辛店文化也可以看出，中国早期也存在把幻日比喻为太阳狗的文化〕 5. 甘肃省博物馆藏 6、8~10. 大地湾 7. 华阴南城子 11. 原子头 12、14~17. 大气光象：帕瑞弧（UPPER TANGENT ARC）与22°晕切弧（UPPER TANGENT ARC）围合造型——月牙形 13. 田螺山（其中的太阳光柱来自高庙文化大塘类型，其中的月牙形是取太阳22°晕上切弧与其上端较亮的部分，不包括帕瑞弧。

彩陶钵

时代：仰韶文化

规格：口径 22.4 厘米，底径 10.8 厘米，高 18.1 厘米

地点：1988 年荥阳青台遗址出土

彩陶钵

时代：仰韶文化

规格：口径 26.4 厘米，底径 12.4 厘米，高 19.2 厘米

地点：1988 年荥阳青台遗址出土

彩陶盆

时代：仰韶文化

规格：口径 18.2 厘米，底径 8 厘米，高 11.6 厘米

地点：2014 年尚岗杨遗址出土

彩陶壶

时代：仰韶文化

规格：口径 9.5 厘米，底径 8.9 厘米，高 26.2 厘米

地点：2014 年尚岗杨遗址出土

彩陶壶

时代：仰韶文化
规格：口径 13 厘米，底径 11.6 厘米，高 28 厘米
地点：2011 年郑州普罗旺世出土

小口尖底瓶

时代：仰韶文化

规格：口径 6.6 厘米，高 70.5 厘米

地点：1996 年郑州工学院家属楼出土

双腹盆

时代：河南龙山文化

规格：口径 28.2 厘米，底径 8.6 厘米，高 17.7 厘米

地点：2003 年郑州十八里河遗址出土

陶罐

时代：河南龙山文化

规格：口径 13 厘米，底径 8.5 厘米，高 17 厘米

地点：2003 年巩义滹沱岭遗址出土

新石器

朱砂彩绘太阳幻日神祖像陶瓷

时代：新砦期

规格：口径 24.5 厘米，底径 12.8 厘米，通高 40 厘米

地点：2003 年巩义花地嘴遗址出土

朱砂彩绘太阳幻日神祖像陶瓮

时代：新砦期

规格：口径 23 厘米，底径 13.8 厘米，通高 41.5 厘米

地点：2003 年巩义花地嘴遗址出土

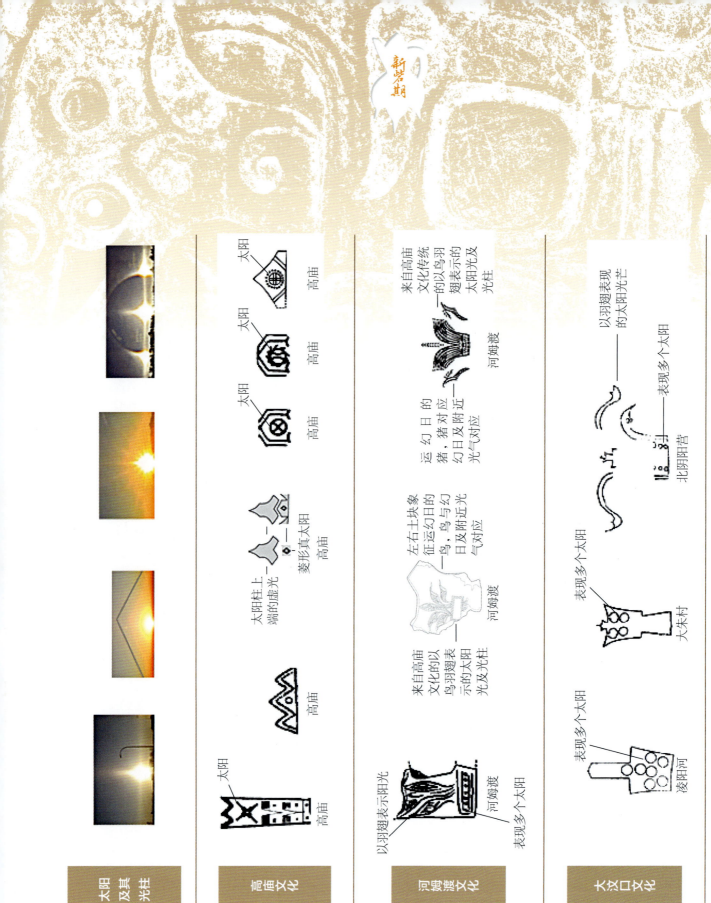

花地嘴"器盖"的太阳光柱内涵论证图（一）

钱粮湖坟山堡

花地嘴

花地嘴

高庙文化

新石器

花地嘴"器盖"的太阳光柱内涵论证图（二）

上述两图中的"器盖钮"与其他"介"字形造型都是太阳竖直方向上的光气。其中的"器盖"以及河姆渡文化、大汶口文化中诸图（复原者）主体，都与太阳及附近光气在逆温层环境下的造型有关。花地嘴"器盖"中的朱砂绘圆形与上述河姆渡文化、大汶口文化及其他彩陶文化中的"器盖"中的太阳看，再参照崧泽文化及其他彩陶文化中从钱粮湖坟山堡中的圆可能不同，我认为其更可能表示的是太阳核心区周边光气。太阳周边光气的表示法，

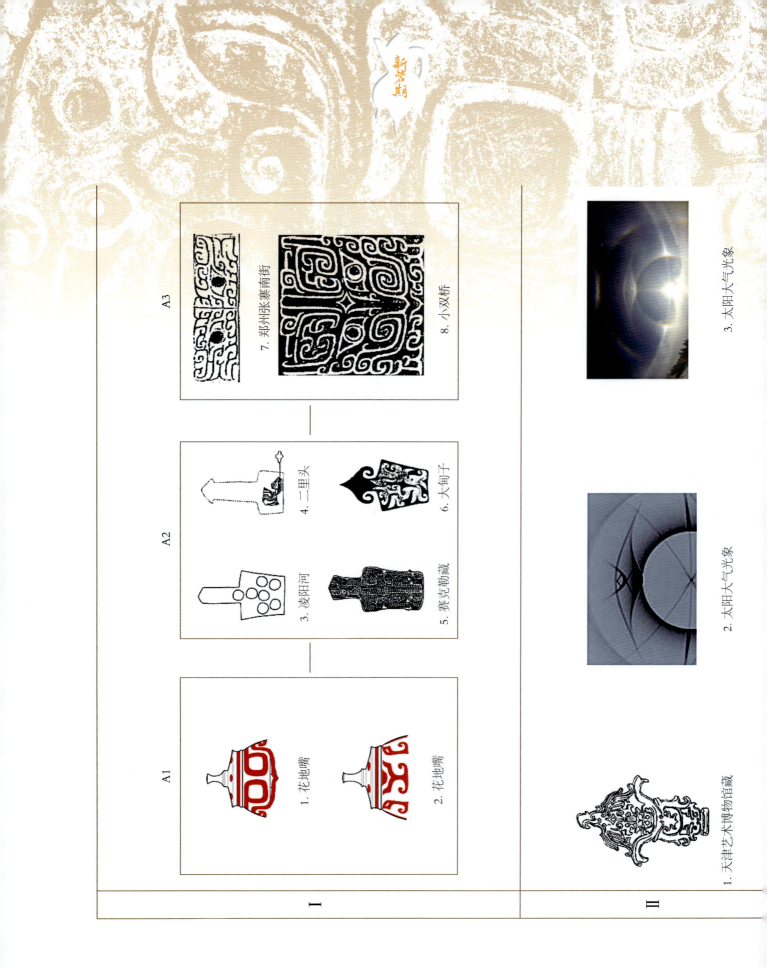

新岩期

A1

1. 花地嘴

2. 花地嘴

A2

3. 凌阳河

4. 二里头

5. 赛克勒藏

6. 大甸子

A3

7. 郑州张寨南街

8. 小双桥

I

1. 天津艺术博物馆藏

2. 太阳大气光象

3. 太阳大气光象

II

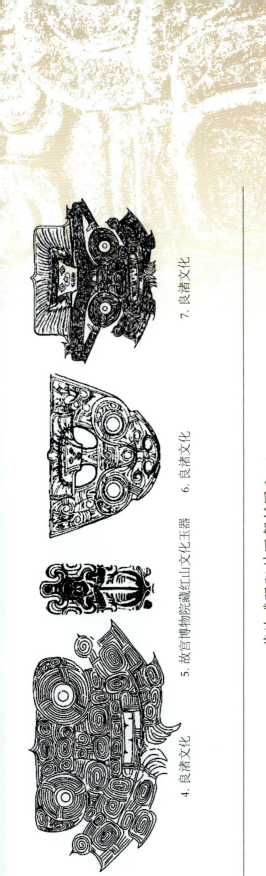

7. 良渚文化

6. 良渚文化

5. 故宫博物院藏红山文化玉器

4. 良渚文化

花地嘴阴阳神面解析图一

由花地嘴阴阳神面解析图一中的A1、A2、A3图像构图方面看，都采用了太阳光柱（A3类饕餮鼻子及冠即对应于太阳光柱和22°晕上端的光气，虎头光身是太阳的拟神物化）。其中A1类经常是成对的，又结合其造型特征即众多一组两个的神人材料看，其成组特征表达的应该是信仰太阳神上帝族群的与太阳有亲缘关系的阴阳神祖（上帝之"帝""字与"商""字""字"等字造字类似，根据不同的写法，对应于太阳之"太阳光柱——切弧"等大气光象或特殊太阳光芒），A2、A3则蕴含了太阳光柱与太阳及附近光气在逆温条件下的造型（饕餮、铜牌饰，彩绘牌饰的冠首及二里头及商代透底器盖似神器的"介"字形首则包括了太阳22°晕附近的光气），主题反映的是太阳神系。

A1与A2、A3造型基本上是一致的，那为何不应视其为真太阳神呢？我认为，主要原因应该是A1代表的是真太阳，幻日位于真太阳的两侧，是太阳的幻日，即SUNDOGS，一般意义上可认为都属于太阳。幻日为是太阳之子，两者显然又可衍生出阴阳神，这与早期伏羲女娲式婚姻，商周时期王者死后位于太阳天帝左右，神祖与上帝高度关联象现象密切相符。

太阳22°晕之切弧（UPPER TANGENT ARC）及附近之光亮部分。

高庙文化大塘遗址出土太阳柱、束光图案。

学术界所谓的"芽叶纹"，实际是鸟之羽，也可像该件器物周身图案中猪、鹿身饰的有关图案一样，作为幻日之太阳光芒（同时也是作为动物毛发）的表示。

猪和鹿分别向着左右不同的方向运送幻日，应该是沿着幻日环。两者身上幻日光芒中最为明显的光芒呈V形，并且方向不同，这也与自然界中22°晕附近两个幻日光芒的常见形态、相对方向以及相对真太阳运行方向的自然情况相符。

花地嘴阴阳神面解析图之二（一）

日冕				
玉璇玑				
	滕县里庄	五莲丹土	胶县三里河	胶县三里河

花地嘴阴阳神面解析图之二（二）

　　林巳奈夫曾认为［林巳奈夫：《与太阳有关的神——野猪》（摘要），《故宫学术季刊》第二十二卷第三期（2005年春季号）］，凌家滩遗址中负八角形太阳并且双猪形占据翅膀位置的神鹰，实际表明运送真太阳的猪是具有鸟的翅膀的，猪是经由空中运输太阳的，并认为东京国立博物馆所藏良渚文化玉猪尾的羽翅，是存放于方形飞行工具中的鸟羽翅，藉此猪可以飞行并运输太阳。并认为所谓的蚩尤环之神兽、红山文化C形龙也是表示猪运输真太阳的，C形表示路径。我们认为这种观点是应该再讨论的。

　　从常州新岗崧泽文化陶猪（其身上有太阳本身及相关晕、弧图像）、浙江嘉兴博物馆所藏崧泽文化陶猪（其身上有太阳本身及相关晕、弧图像）看，太阳及其重要晕、弧等光象的整体或主要部分可以用猪来拟形融合。从湖南湘潭身负神鸟的商代铜猪造型看，猪确实可以象征太阳及其周边光气。从曲沃县北赵村晋侯墓地113号墓出土的身有完整太阳纹的铜猪造型看，也是如此。又，内蒙古小山陶尊之鸟翅、冠羽、龙身、猪首神（附1）显然为运输太阳幻日之神兽。

　　红山文化有猪首某些特征的C形龙、良渚文化早期的所谓蚩尤环和C形兽面龙，看似可以像前述林巳奈夫文章认为的那样，说明这类猪运的是真太阳且C形为其轨迹。实际上并非这样，赵宝沟文化内蒙古小山陶尊所刻猪首鸟冠鸟翅膀的运送太阳幻日的龙形，是取自于有旋臂的太阳及其光气造型的。而这种C形龙之龙首为猪首或具有某些猪首的特征是由以下原因使然：

　　从常州新岗陶猪等材料看，太阳本身及其光象在鱼眼镜头视角下总体可以模拟为正视圆形的猪，C形龙又与良渚文化中常见的包括真太阳作为中心的各层级太阳光气的的字形高度一致［包括花地嘴阴阳神面解析图之二（二）的有日冕元素的所谓"玉璇玑"］，其龙首的部分从造型看就相当于太阳光气之的字形造型之首，而的字形太阳光气之首又应视为太阳光气的中心，最为总体核心的太阳之气又是真太阳本身。该最为广阔太阳之气之の字形中心显然即是真太阳或及其附近常见光象、晕、弧，即类似常州新港猪身图案。若是，把这类の字形首端换为猪首或取猪首的某些特征，在逻辑和内涵方面自然是可以的。所以综合看来，C形龙或曲身猪首龙之造型的曲身并不是动物运输太阳路径使然，而应是太阳光气本身常见的造型使然，其加入鸮、鹰[具有草鸮类面的妇好墓玉龙（附2），具有鸮耳的红山文化牛河梁玉龙（附3），三星塔拉玉龙（附4），有鹰类冠羽，小山陶尊图案猪龙（附5），有翅膀]等运输太阳之鸟，从高庙文化负四齿金虎以表太阳、幻日的神鸟、凌家滩负八角形太阳并有双猪（象征幻日及附近光气）羽翅的神鸟、普安桥玉鸟、出光美术馆所藏良渚文化玉鸟看，整个太阳及其相关光象的象征不仅可以用猪，也可以有鸟、鹰的特征。另外，C形龙的龙身-C形，不是为了说明C形是这些动物运输太阳的轨迹，而是为了说明这一造型的动物具有龙和太阳光气的神性。选择猪、龙、鸮、鹰等两种以上的组合体表明这些动物都可以运输太阳及幻日，将其神力集中于一身，形成了更为神奇的怪诞物。

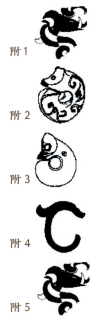

附1

附2

附3

附4

附5

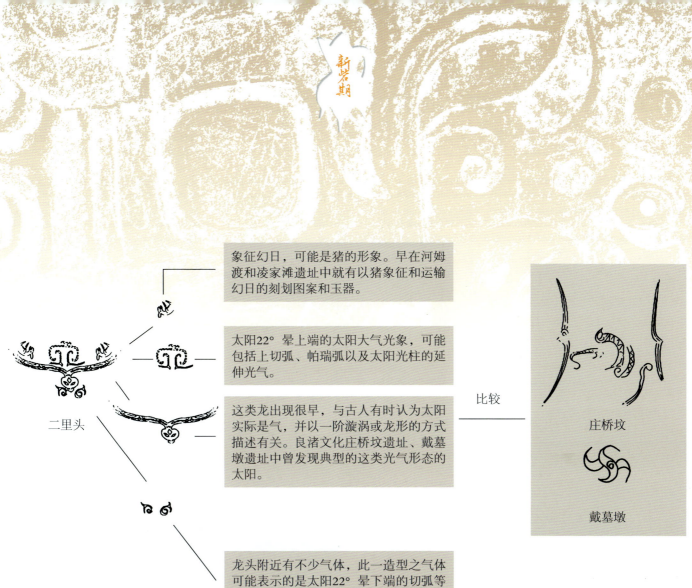

象征幻日，可能是猪的形象。早在河姆渡和凌家滩遗址中就有以猪象征和运输幻日的刻划图案和玉器。

太阳22°晕上端的太阳大气光象，可能包括上切弧、帕瑞弧以及太阳光柱的延伸光气。

这类龙出现很早，与古人有时认为太阳实际是气，并以一阶漩涡或龙形的方式描述有关。良渚文化庄桥坟遗址、戴墓墩遗址中曾发现典型的这类光气形态的太阳。

比较

庄桥坟

戴墓墩

二里头

龙头附近有不少气体，此一造型之气体可能表示的是太阳22°晕下端的切弧等光气。

花地嘴阴阳神面解析图之三

　　这一一头双身龙图案实际与二里头、齐家、夏家店下层、三星堆等文化中的铜牌饰、彩绘牌饰之太阳神内涵类似，其在造型上包括了太阳柱、太阳晕弧、幻日等方面内容。其他铜牌饰、彩绘牌饰主要造型也是太阳柱及22°晕上端相关晕弧的造型。在牌饰首端有的会有来自于22°晕上端相关帕瑞弧形成的心形，彩绘牌饰有的在两侧会有龙形，与二里头文化中模拟太阳及相关晕弧的透底器盖似神器下端诸龙中小的龙可能有关，可能是象征和运输太阳幻日的。运输太阳幻日之龙早在官井头良渚文化早期玉冠状器首及红山文化勾云形附猪龙首玉器上已有发现（良渚文化诸多冠状玉器、吉斯拉玉琮刻符、金沙玉琮刻符、良渚文化诸多刻划符号均与太阳柱及相关晕弧有关），这一类龙首基本同于蚩尤环和良渚文化早期的C形龙之首。

　　良渚文化早期这类龙首在"鼻中"位置常有菱形符号，整个面部的造型从崧泽文化晚期至于良渚文化早期的考古材料看，显然是对太阳中心有时会呈现的菱形及其附近晕、弧图像的摹写和丰富。从河姆渡文化看，猪身所负的幻日之造型也可以像真太阳一样为圆形，换言之，古人认为幻日与真太阳是密切相关的，本质上也属于太阳系列，所以幻日也可以采用真太阳的造型特征。同时，太阳22°幻日本身有时也会呈现与真太阳一致的造型。这类良渚文化早期神兽之所以单独呈C形，应与良渚文化中太阳任何级别的光气都可以以的形表现有关，因而也与龙有关。因此，我们认为，这类造型的神龙若没有具体场景的话，则也应象征和运输幻日。多个这类神兽连在一起，应该就是幻日环（蚩尤环）、幻日璜，而不是真太阳连在一起的一般意义上的太阳周日或周年视循环。

陶甗

时代：新砦期

规格：口径 22.9 厘米，高 33.7 厘米

地点：2003 年巩义花地嘴遗址出土

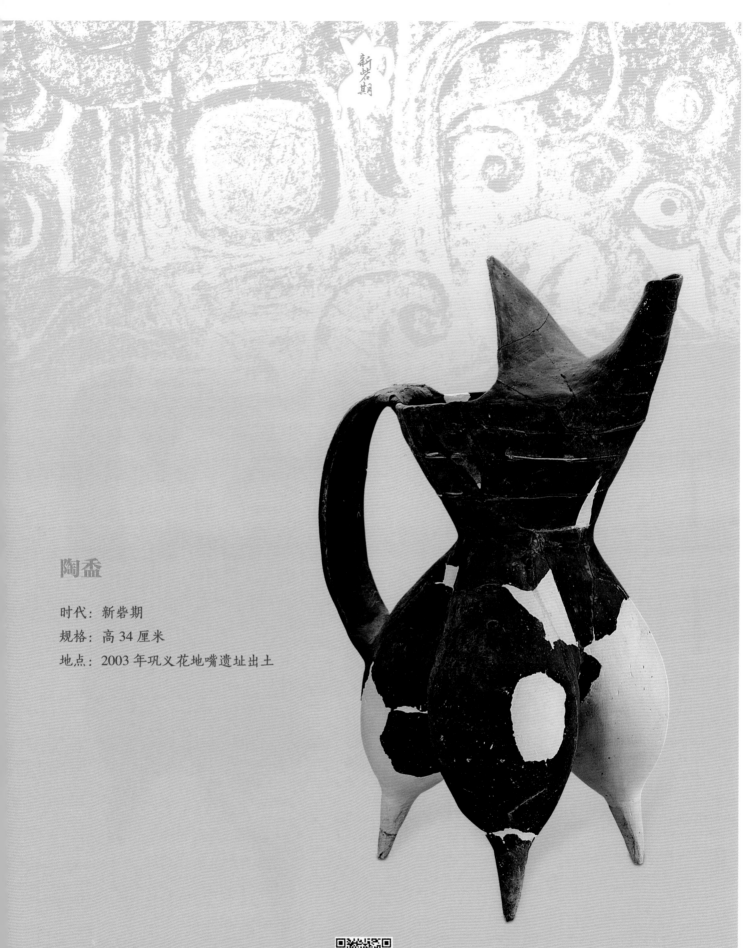

陶盉

时代：新砦期
规格：高 34 厘米
地点：2003 年巩义花地嘴遗址出土

陶盉

时代：新石器

规格：高 28.1 厘米

地点：2003 年巩义花地嘴遗址出土

深腹罐

时代：新砦期
规格：口径 25 厘米，高 33.4 厘米
地点：2003 年巩义花地嘴遗址出土

陶斝

时代：新砦期

规格：口径 16.5 厘米，高 20.4 厘米

地点：2003 年巩义花地嘴遗址出土

陶鼎

时代：新砦期

规格：口径 18.6 厘米，高 20.4 厘米

地点：2003 年巩义花地嘴遗址出土

陶器盖

时代：新砦期

规格：口径 20.1 厘米，高 24.8 厘米

地点：2003 年巩义花地嘴遗址出土

陶罐

时代：新砦期

规格：口径 16.3 厘米，底径 10 厘米，高 31.1 厘米

地点：2006 年巩义花地嘴遗址出土

玉璋

时代：新砦期

规格：高 30 厘米，厚 1.01 厘米，
      孔径 0.7 ～ 1.11 厘米

地点：2003 年巩义花地嘴遗址出土

玉钺

时代：新砦期

规格：残长 4.1 厘米，宽 6 厘米，厚 0.3 厘米

地点：2003 年巩义花地嘴遗址出土

玉铲

时代：新砦期
规格：长 17.8 厘米，宽 7.4～8.6 厘米，厚 1.1 厘米
地点：2003 年巩义花地嘴遗址出土

玉钺

时代：新砦期

规格：长 11.7 厘米，宽 8.9 ~ 11.6 厘米，厚 0.4 ~ 0.5 厘米

地点：2003 年巩义花地嘴遗址出土

玉琮

时代：新砦期

规格：高 3.5 厘米，厚 0.7 厘米

地点：2003 年巩义花地嘴遗址出土

二里头文化

陶鼎

时代：二里头文化

规格：口径 17.8 厘米，高 27.6 厘米

地点：2000 年新密新砦遗址出土

陶鼎

时代：二里头文化

规格：口径 16.7 厘米，高 17.5 厘米

地点：2000 年新密新砦遗址出土

猪首形陶器盖

时代：二里头文化

规格：口径 23 厘米，高 18 厘米

地点：2000 年新密新砦遗址出土

陶器盖残片

时代：二里头文化

规格：残长 9.3 厘米

地点：1999 年新密新砦遗址出土

陶器盖

时代：二里头文化

规格：底径 18.5 厘米，高 42 厘米

地点：2003 年荥阳大师姑遗址出土

陶鬲

时代：二里头文化

规格：口径 16.3 厘米，高 23.2 厘米

地点：2002 年荥阳大师姑遗址出土

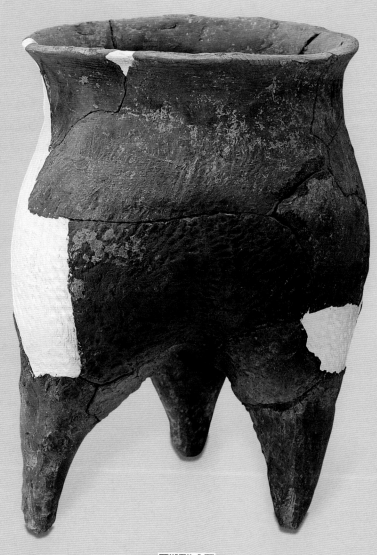

陶鬲

时代：二里头文化

规格：口径 13.5 厘米，高 19.3 厘米

地点：2002 年荥阳大师姑遗址出土

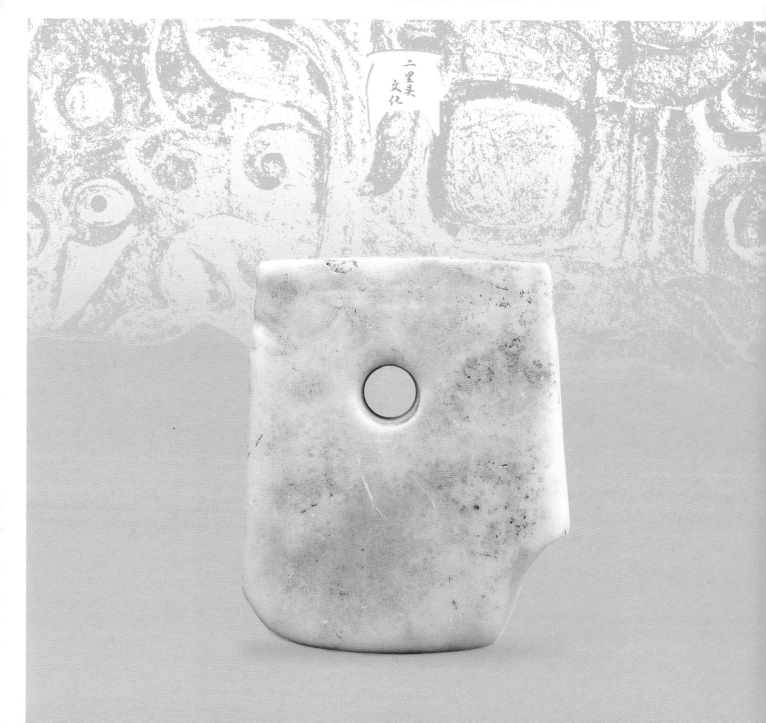

玉铲

时代：二里头文化

规格：长 11.7 厘米，宽 8.5 ~ 9.5 厘米，厚 0.9 厘米

地点：2003 年荥阳大师姑遗址出土

商文化

陶鬲

时代：商

规格：口径 15.8 厘米，高 21.7 厘米

地点：2003 年郑州中岳秀峰新天地出土

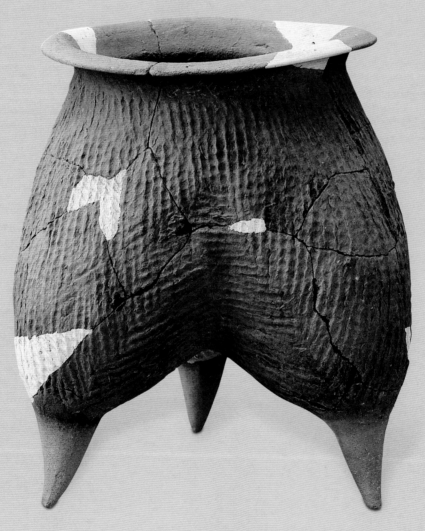

陶鬲

时代：商

规格：口径 13.7 厘米，高 15.9 厘米

地点：1984 年郑州二轻厅出土

陶鬲

时代：商

规格：口径 15.6 厘米，高 19.6 厘米

地点：1995 年河南远征置业有限公司出土

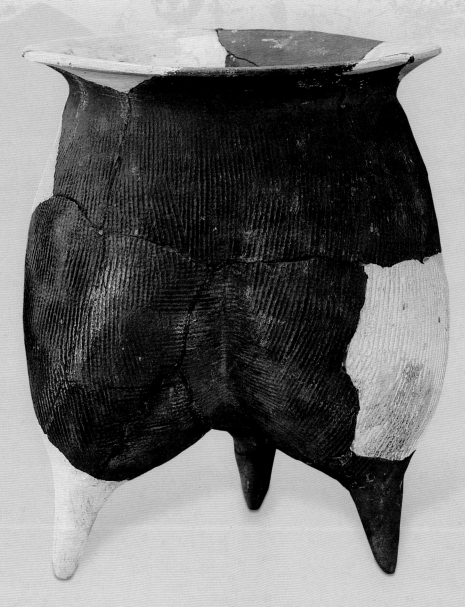

陶甗

时代：商

规格：口径 29.5 厘米，高 48.2 厘米

地点：1995 年河南九州城置业公司出土

陶鬲

时代：商

规格：口径 12.3 厘米，高 20.7 厘米

地点：1995 年河南九州城置业公司出土

陶斝

时代：商

规格：口径 15 厘米，高 21.9 厘米

地点：2003 年郑州中岳秀峰新天地出土

陶鼎

时代：商

规格：口径 15.9 厘米，高 17.6 厘米

地点：2003 年郑州中岳秀峰新天地出土

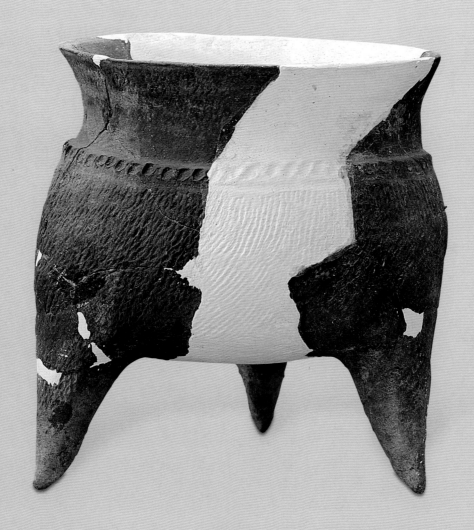

陶鼎

时代：商

规格：口径 17 厘米，高 19.2 厘米

地点：2008 年郑州康居汇港新城出土

陶罍

时代：商

规格：口径 18.3 厘米，底径 15 厘米，高 29.6 厘米

地点：2005 年河南中信中原住宅小区出土

陶爵

时代：商

规格：口径 7.3 厘米，长 12.5 厘米，高 14.2 厘米

地点：2004 年荥阳大师姑遗址出土

陶簋

时代：商

规格：口径 18 厘米，底径 14 厘米，高 10.6 厘米

地点：2009 年郑州凤凰台遗址出土

原始瓷尊

时代：商

规格：口径 20 厘米，底径 7 厘米，高 17 厘米

地点：2007 年郑州宏鑫花园出土

铜戈

时代：商

规格：长 18.1 厘米，宽 5.7 厘米

地点：2012 年省直机关专家楼出土

玉钺

时代：商

规格：长 8.4 厘米，宽 6.9 ~ 7.8 厘米，厚 0.4 厘米

地点：1998 年河南九洲城出土

玉戈

时代：商
规格：长 30.5 厘米，宽 6.5 厘米
地点：2013 年郑州 360 广场出土

玉戈

时代：商

规格：长 7.7 厘米，宽 2.3 厘米

地点：2012 年省直机关专家楼出土

玉戈

时代：商
规格：长 7.4 厘米，宽 2.1 厘米
地点：2012 年省直机关专家楼出土

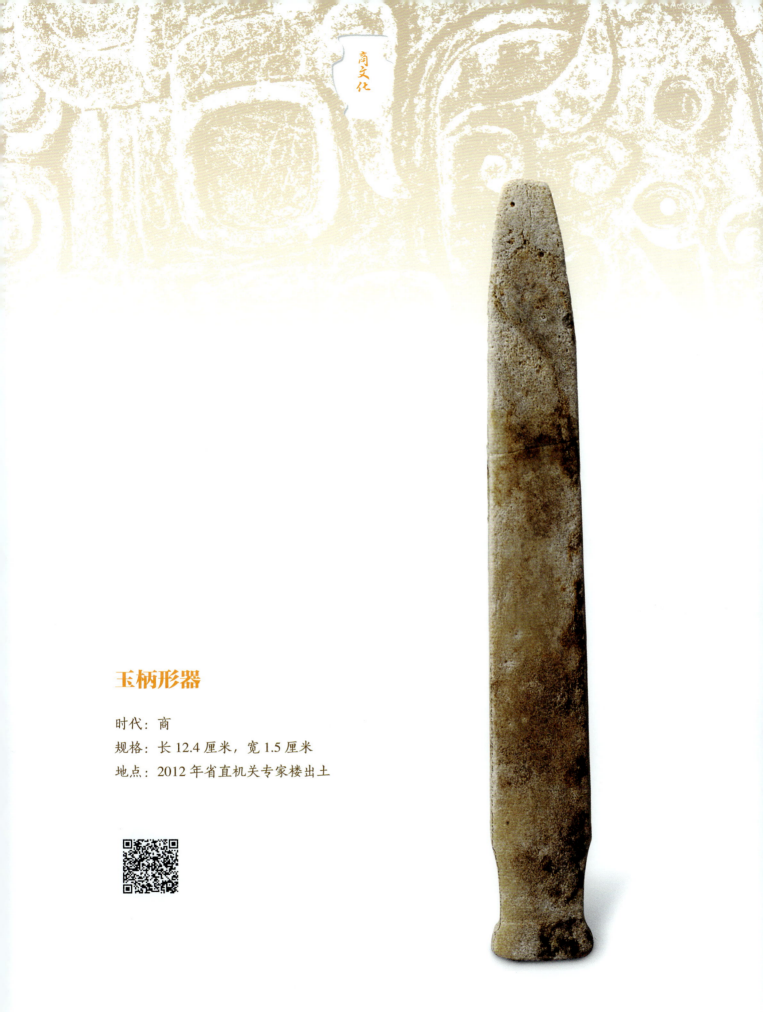

玉柄形器

时代：商
规格：长 12.4 厘米，宽 1.5 厘米
地点：2012 年省直机关专家楼出土

商文化

玉柄形器

时代：商

规格：长 7.8 厘米，宽 2.4 厘米

地点：2012 年省直机关专家楼出土

玉戈

时代：商

规格：长 11.7 厘米，宽 2.4 厘米

地点：2012 年省直机关专家楼出土

两周
时期

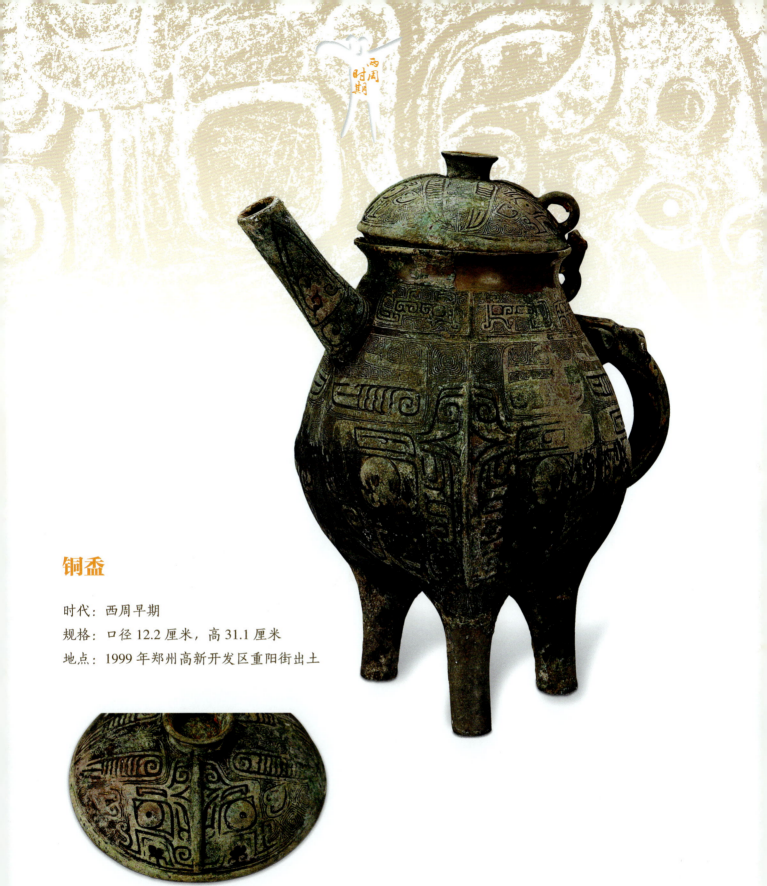

铜盉

时代：西周早期

规格：口径 12.2 厘米，高 31.1 厘米

地点：1999 年郑州高新开发区重阳街出土

铜爵

时代：西周早期

规格：高 21.1 厘米

地点：2005 年荥阳西司马遗址出土

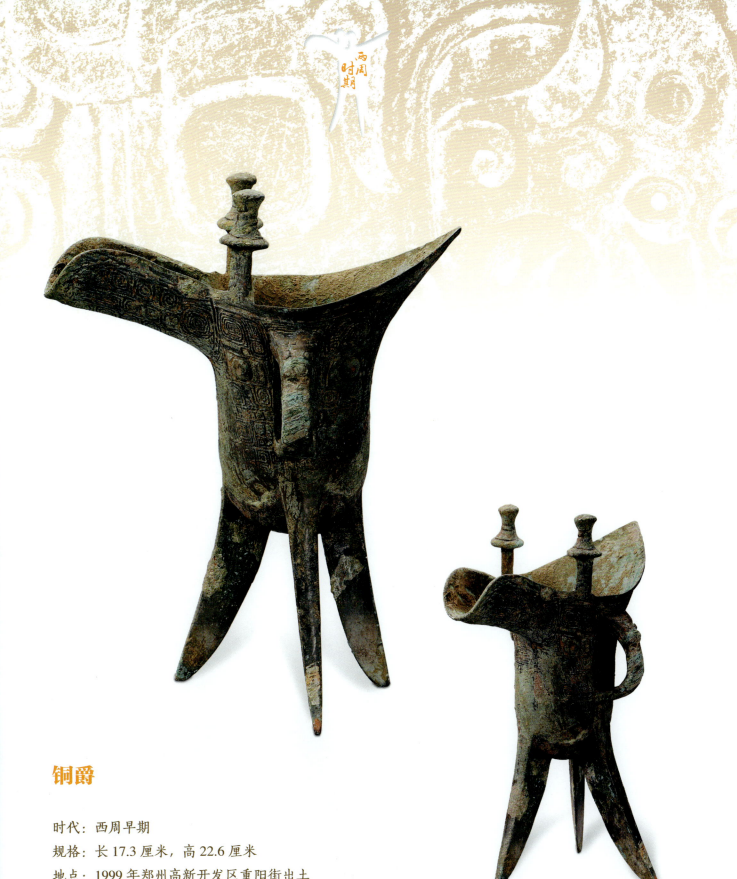

铜爵

时代：西周早期
规格：长 17.3 厘米，高 22.6 厘米
地点：1999 年郑州高新开发区重阳街出土

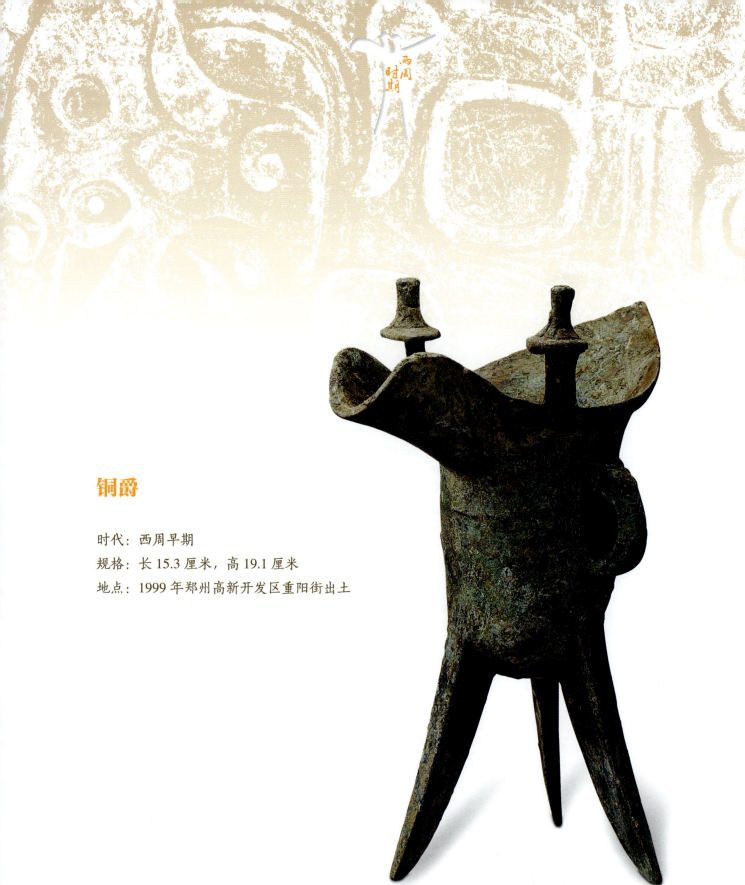

铜爵

时代：西周早期

规格：长 15.3 厘米，高 19.1 厘米

地点：1999 年郑州高新开发区重阳街出土

陶博山炉

时代：战国

规格：通高 24.7 厘米，盘径 22.6 厘米

地点：1984 年郑州纺织厂油库出土

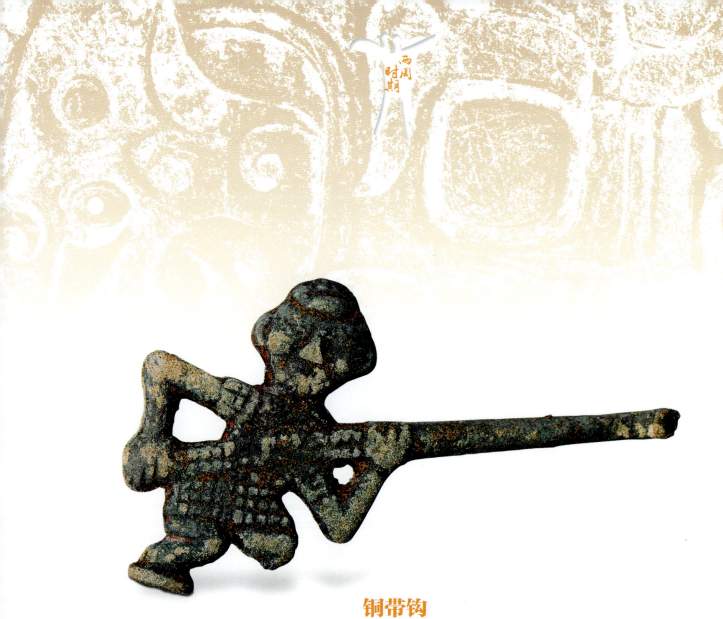

铜带钩

时代：战国

规格：长 6.3 厘米

地点：2013 年郑州冢刘遗址出土

铜剑

时代：战国

规格：长 39.8 厘米，宽 5.1 厘米

地点：2009 年郑州普罗旺世住宅小区出土

铜带钩

时代：战国

规格：长 19.5 厘米

地点：2008 年荥阳凤凰台遗址出土

铜带钩

时代：战国

规格：长 9.7 厘米

地点：2012 年郑州航空港区出土

铜带钩

时代：战国

规格：长 17.7 厘米

地点：1998 年郑州上街区任庄出土

铜带钩

时代：战国

规格：长 17.3 厘米

地点：2005 年郑州古荥公社收购部出土

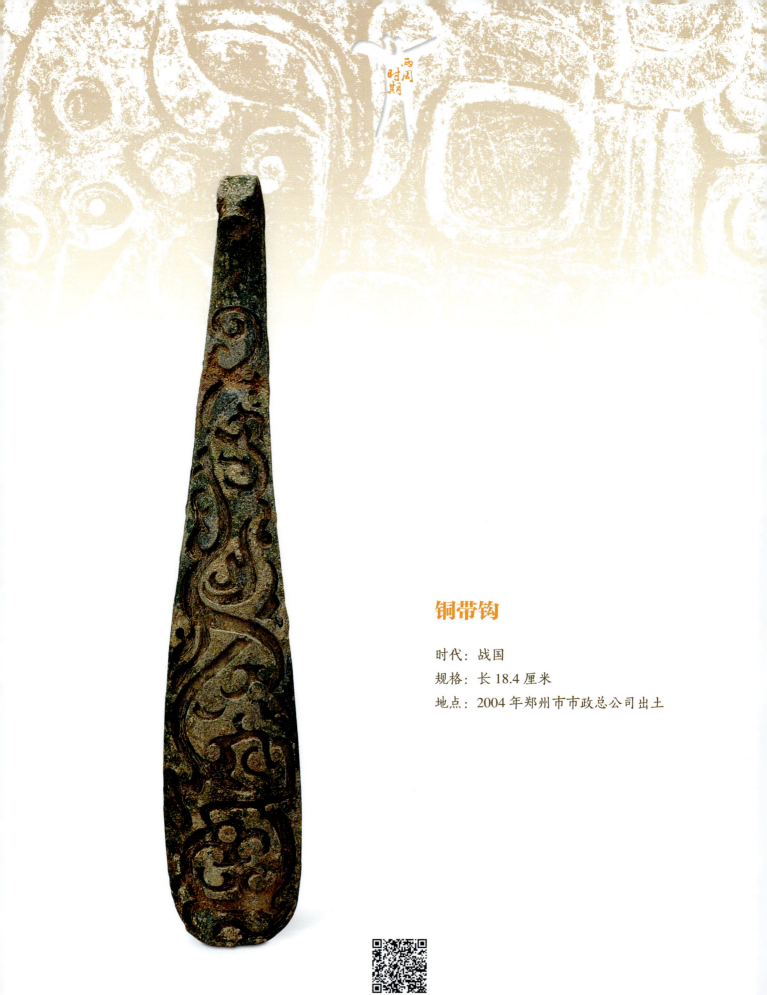

铜带钩

时代：战国

规格：长 18.4 厘米

地点：2004 年郑州市市政总公司出土

铜带钩

时代：战国

规格：长 15.2 厘米

地点：2001 年郑州洼刘遗址出土

铜带钩

时代：战国

规格：长 12.9 厘米

地点：2001 年郑州洼刘遗址出土

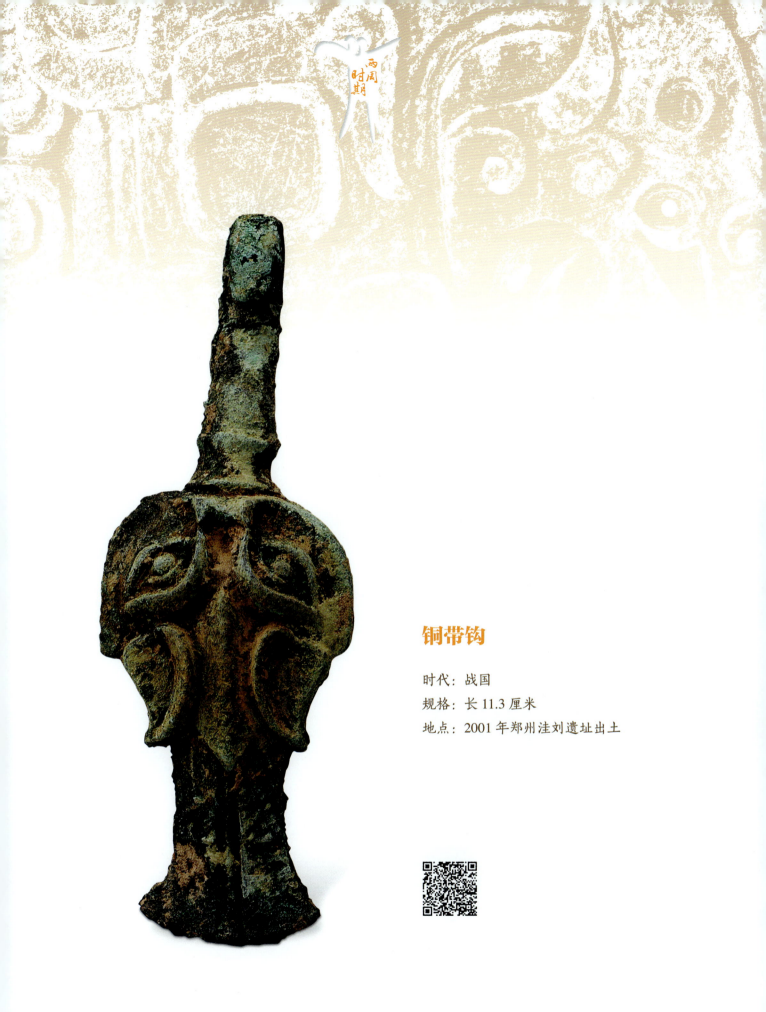

铜带钩

时代：战国

规格：长 11.3 厘米

地点：2001 年郑州注刘遗址出土

铜带钩

时代：战国

规格：长 8.2 厘米

地点：2001 年郑州洼刘遗址出土

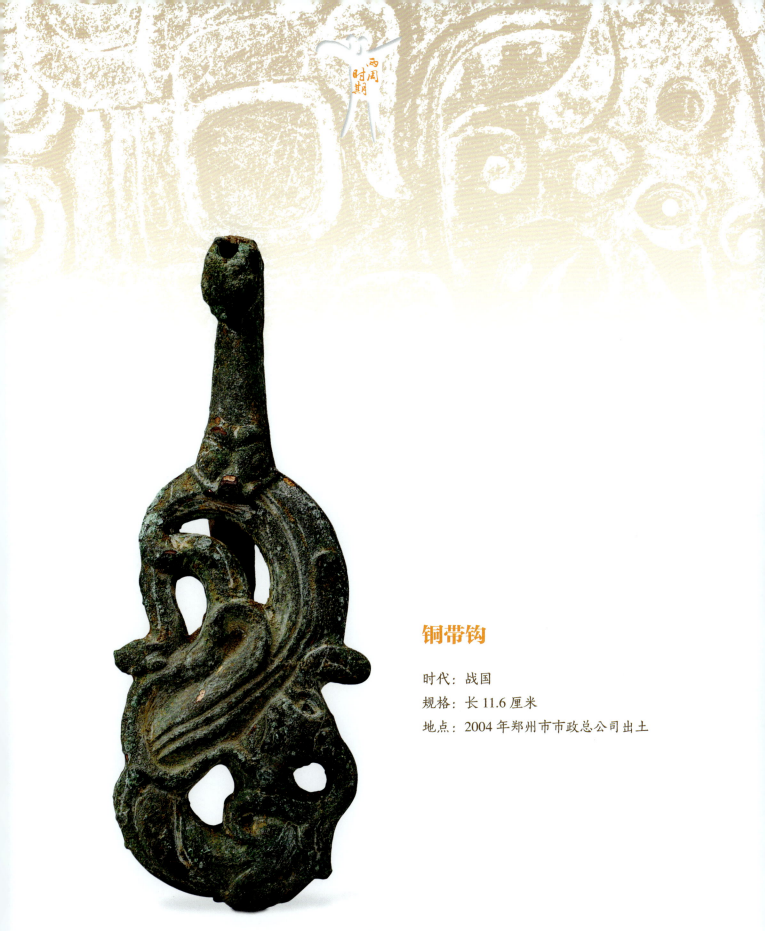

铜带钩

时代：战国

规格：长 11.6 厘米

地点：2004 年郑州市市政总公司出土

骨带钩

时代：战国

规格：长 12.4 厘米

地点：2006 年河南宏达房地产有限公司出土

汉晋
时期

"一刀平五千"刀币

时代：新朝

规格：长 7.3 厘米

地点：2011 年郑州保利百合一期工程出土

"一刀平五千" 刀币

时代：新朝

规格：长 7.4 厘米

地点：2011 年郑州保利百合一期工程出土

"大黄布千" 布币

时代：新朝

规格：长 5.8 厘米，宽 2.8 厘米

地点：2011 年郑州保利百合一期工程出土

"大黄布千" 布币

时代：新朝

规格：长 5.8 厘米，宽 1.9 厘米

地点：2012 年郑州航空港区出土

位至三公镜

时代：汉

规格：直径 11.2 厘米

地点：2006 年郑州水工机械厂出土

秦王镜

时代：汉

规格：直径 13.1 厘米

地点：1984 年荥阳峡窝出土

日光镜

时代：汉

规格：直径 8.4 厘米

地点：2008 年荥阳中原国际小商品城出土

联珠纹镜

时代：汉

规格：直径 5.7 厘米

地点：2008 年荥阳中原国际小商品城出土

君宜高官镜

时代：汉

规格：直径 7.8 厘米

地点：1990 年郑州服装总厂出土

位至三公镜

时代：汉

规格：直径 10.2 厘米

地点：1985 年郑州服装总厂出土

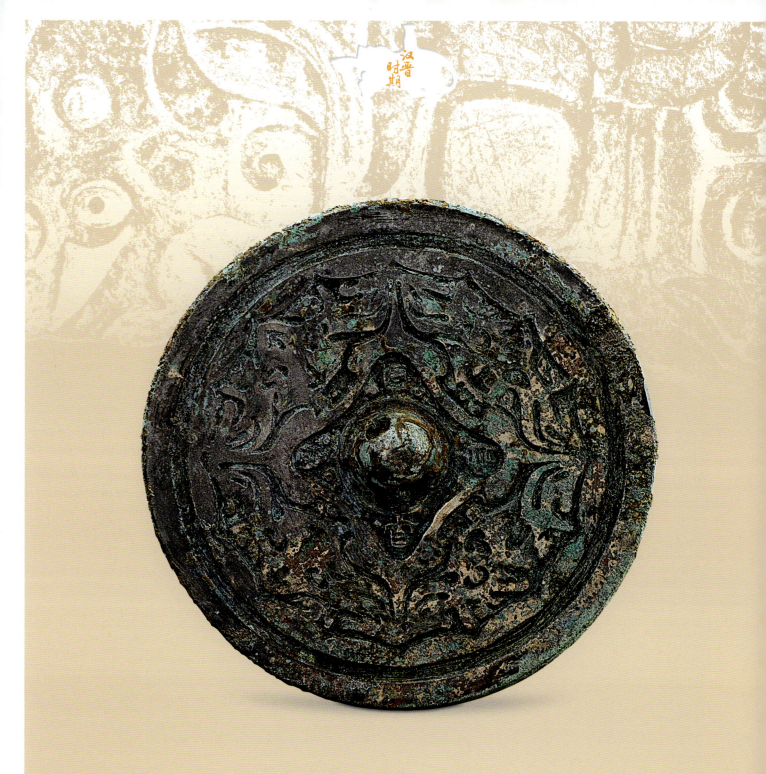

君宜高官镜

时代：汉

规格：直径 12 厘米

地点：1985 年郑州服装总厂出土

铜弩机

时代：汉

规格：长 15.6 厘米，宽 3.7 ~ 7.6 厘米，高 17.8 厘米

地点：2012 年郑州市陇海西路西延工程出土

陶猪

时代：汉

规格：长 13.5 厘米，高 17 厘米

地点：2008 年郑州市燃气房地产公司昆仑华府小区出土

绿釉陶狗

时代：汉

规格：长 37 厘米，高 38.4 厘米

地点：1990 年荥阳市渭河采集

铜砚滴

时代：西晋

规格：长 14.6 厘米，宽 7 厘米，高 8.1 厘米

地点：2001 年巩义市铝厂出土

君宜高官镜

时代：晋

规格：直径 11.6 厘米

地点：2003 年郑州上街长城铝业公司出土

盘龙镜

时代：晋

规格：直径 9.6 厘米

地点：1988 年郑州市纺专出土

铜弩机

时代：晋
规格：长 12.6 厘米，宽 6.5 厘米，高 14.6 厘米
地点：2001 年巩义市铝厂出土

瓷狮

时代：晋

规格：长 12.1 厘米，高 8.1 厘米

地点：2013 年郑州航空港区河流沟生态园出土

隋唐
时期

瓷枕

时代：隋

规格：长 22 厘米，宽 17 厘米，高 11 厘米

地点：2008 年郑州市燃气房地产公司昆仑华府小区出土

青花塔式罐

时代：唐

规格：口径 10 厘米，底径 16.7 厘米，
　　　通高 44.3 厘米

地点：2006 年郑州上街出土

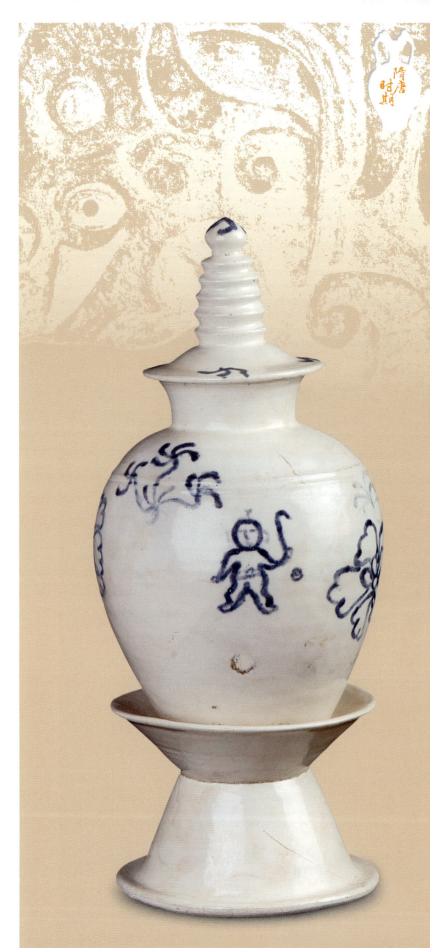

青花塔式罐

时代：唐

规格：口径 10 厘米，底径 17.4 厘米，
通高 43.8 厘米

地点：2006 年郑州上街出土

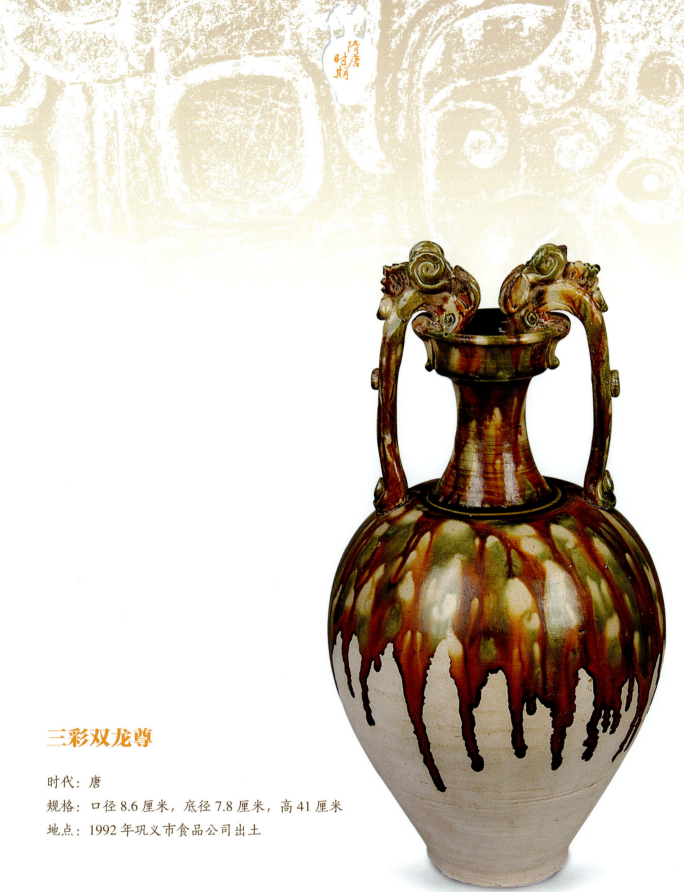

三彩双龙尊

时代：唐

规格：口径 8.6 厘米，底径 7.8 厘米，高 41 厘米

地点：1992 年巩义市食品公司出土

三彩罐

时代：唐

规格：口径4厘米，底径4.5厘米，通高5.7厘米

地点：2014年郑州鸿兴置业方圆经纬花园出土

三彩七星盘

时代：唐
规格：口径 23.2 厘米，底径 12.3 厘米
地点：1992 年巩义食品厂出土

三彩八星盘

时代：唐

规格：口径 24.7 厘米，底径 14.2 厘米

地点：1992 年巩义食品厂出土

三彩盂

时代：唐

规格：口径 11.7 厘米，高 9.8 厘米

地点：1992 年郑州中原制药厂出土

绿釉碗

时代：唐

规格：口径 11 厘米，底径 6.4 厘米，高 6.1 厘米

地点：1997 年郑州市政府北院出土

绿釉粉盒

时代：唐

规格：口径 5.3 厘米，底径 5.5 厘米，通高 5.4 厘米

地点：2005 年河南中信中原住宅小区出土

彩绘镇墓兽

时代：唐

规格：高 65.7 厘米

地点：1992 年巩义食品厂出土

彩绘镇墓兽

时代：唐

规格：高 63.4 厘米

地点：1992 年巩义食品厂出土

彩绘女侍俑

时代：唐

规格：高 28.7 厘米

地点：1994 年郑州上街热电厂出土

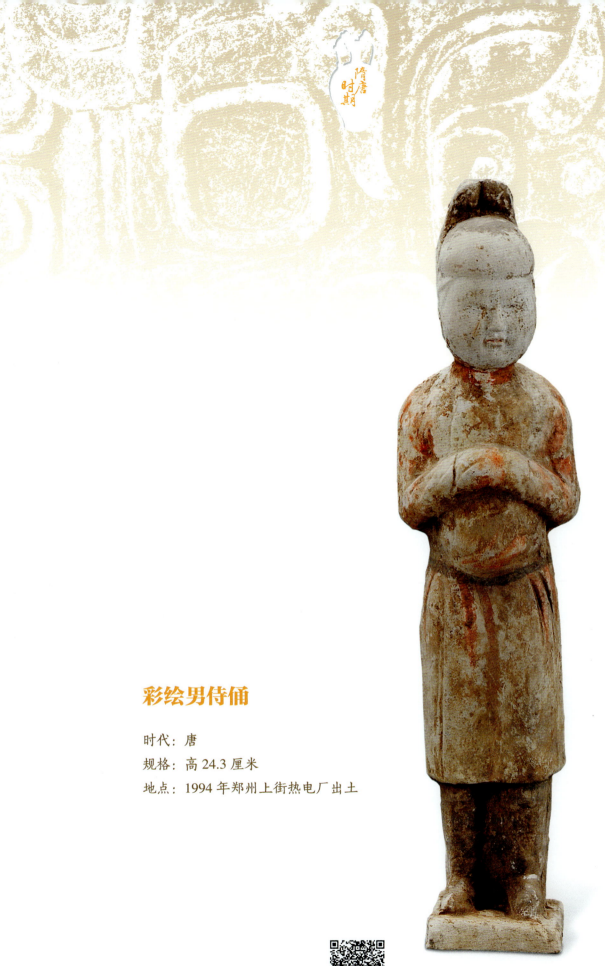

彩绘男侍俑

时代：唐

规格：高 24.3 厘米

地点：1994 年郑州上街热电厂出土

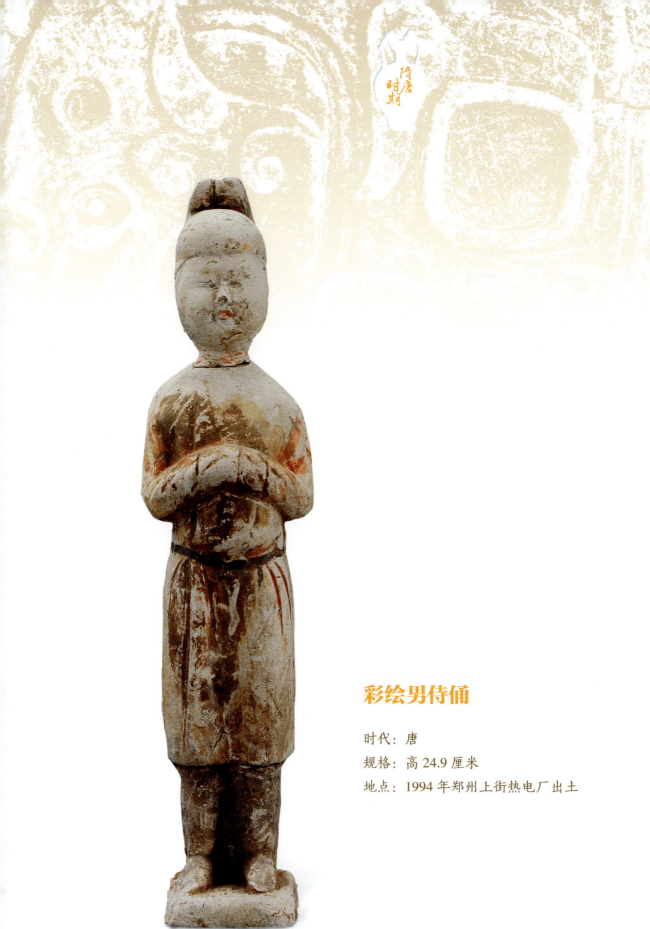

彩绘男侍俑

时代：唐

规格：高 24.9 厘米

地点：1994 年郑州上街热电厂出土

彩绘侏儒俑

时代：唐

规格：高 10.5 厘米

地点：1994 年郑州上街热电厂出土

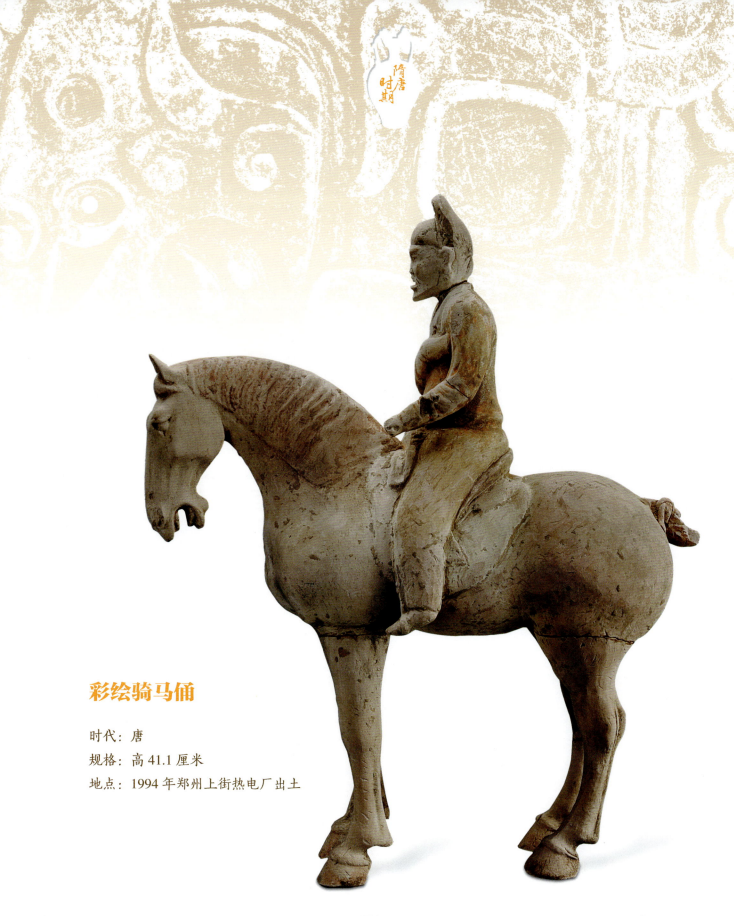

彩绘骑马俑

时代：唐

规格：高 41.1 厘米

地点：1994 年郑州上街热电厂出土

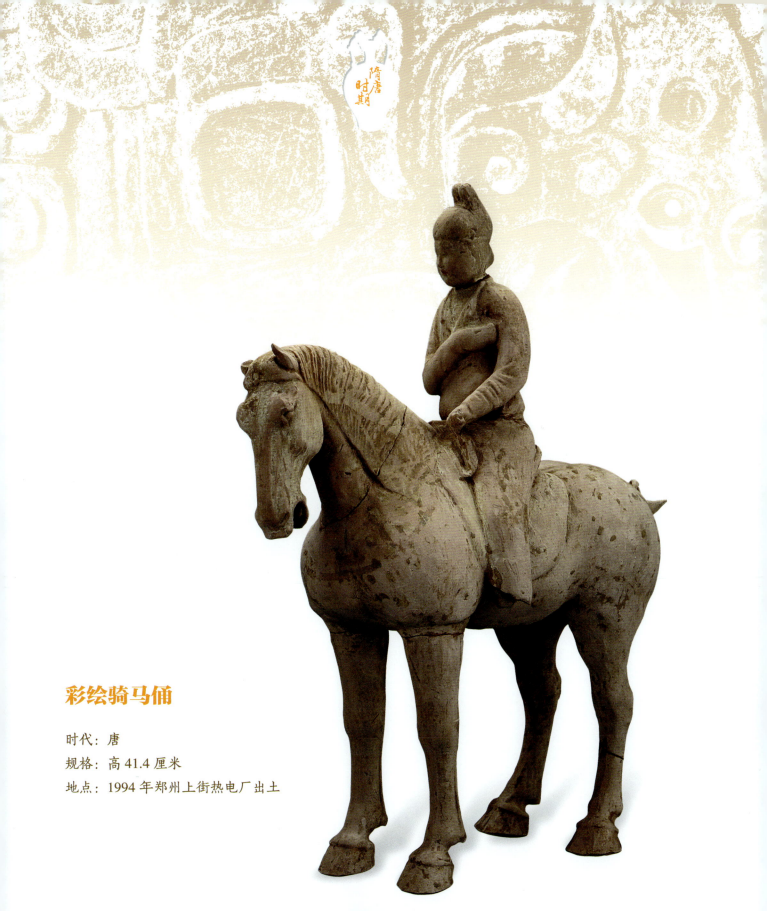

彩绘骑马俑

时代：唐
规格：高 41.4 厘米
地点：1994 年郑州上街热电厂出土

彩绘骆驼

时代：唐

规格：高 36.2 厘米

地点：1994 年郑州上街热电厂出土

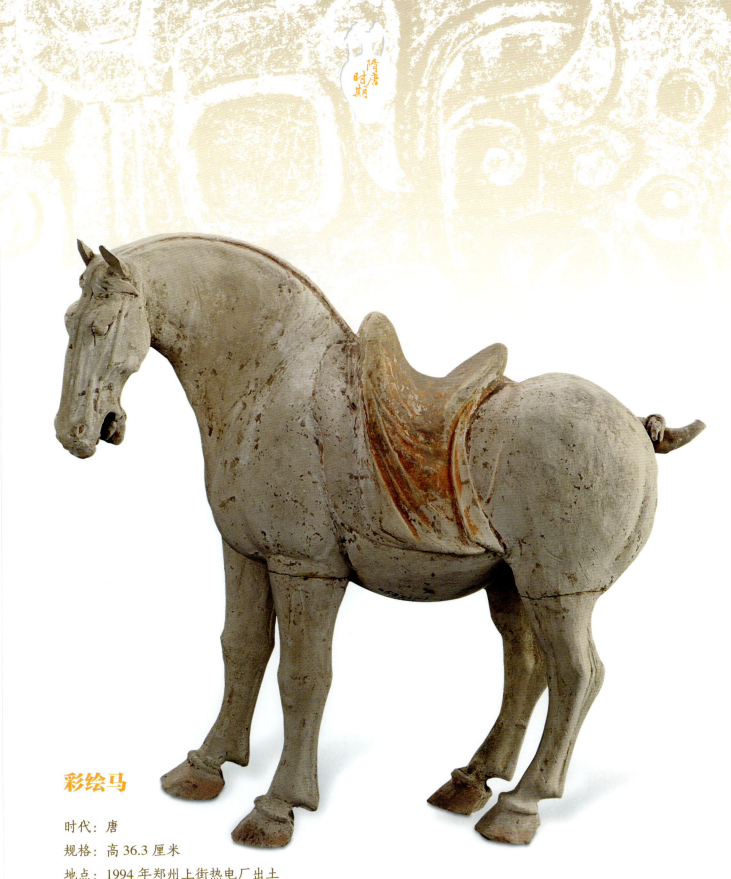

彩绘马

时代：唐

规格：高 36.3 厘米

地点：1994 年郑州上街热电厂出土

陶砚

时代：唐

规格：长 12 厘米，宽 8 厘米，高 2.6 厘米

地点：1993 年荥阳汜水清静沟出土

四鸾衔绶镜

时代：唐

规格：直径 17.2 厘米

地点：2008 年郑州电力工业学校出土

花卉镜

时代：唐

规格：直径 18.6 厘米

地点：1990 年郑州化工厂出土

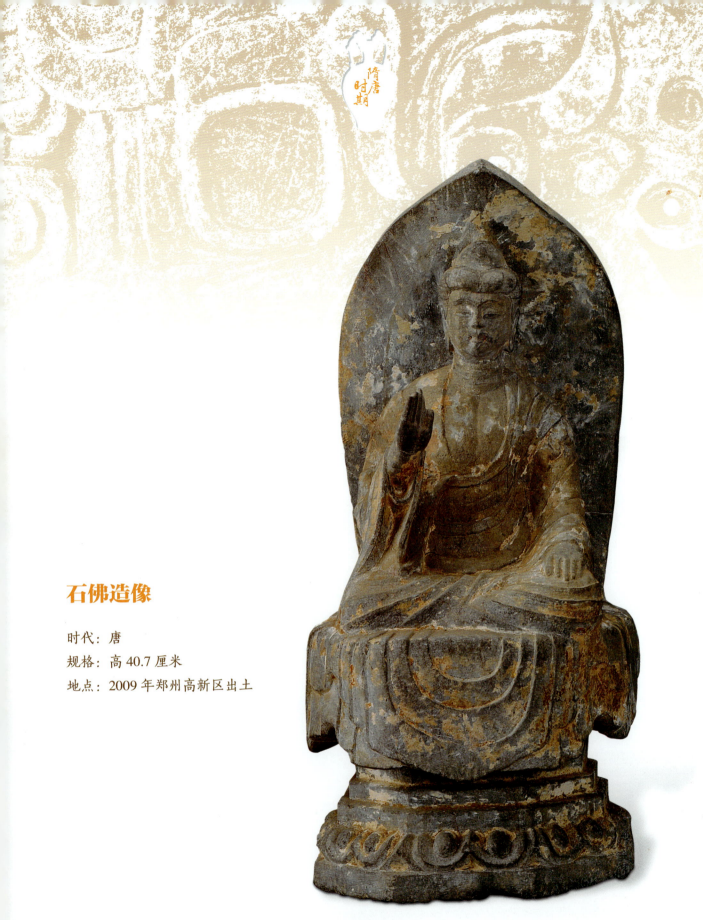

石佛造像

时代：唐
规格：高 40.7 厘米
地点：2009 年郑州高新区出土

宋元
时期

三彩枕

时代：宋

规格：长 28.7 厘米，宽 21 厘米，高 11.4 厘米

地点：1998 年郑州上街常庄锅炉厂出土

三彩枕

时代：宋

规格：长 27 厘米，宽 25.8 厘米，高 10.3 厘米

地点：2010 年郑州华润印象城出土

绿釉枕

时代：宋

规格：长 26.1 厘米，宽 16.6 厘米，高 8.5 厘米

地点：2004 年郑州上街中宇置业有限公司出土

白地黑花瓷枕

时代：宋

规格：长 26.3 厘米，宽 19.4 厘米，高 11.7 厘米

地点：1995 年荥阳土地局出土

白釉瓷灯

时代：宋

规格：口径 7.6 厘米，底径 9.4 厘米，高 14.2 厘米

地点：1994 年郑州海联公司出土

青釉瓷碗

时代：宋

规格：口径 13.1 厘米，底径 4.3 厘米，高 5.6 厘米

地点：2012 年郑州市儿童医院出土

青釉瓷盏

时代：宋

规格：口径 11 厘米，底径 3.1 厘米，高 4.8 厘米

地点：1993 年郑州市服装总厂出土

白底黑花瓷碗

时代：宋

规格：口径 12.5 厘米，底径 6.4 厘米，高 7.6 厘米

地点：2003 年郑州中岳秀峰新天地出土

白釉黑花瓷罐

时代：宋

规格：口径 6.7 厘米，底径 5.4 厘米，高 8.5 厘米

地点：2005 年郑州长城信息技术有限公司出土

青釉瓷盒

时代：宋

规格：口径 7.3 厘米，底径 4.5 厘米，通高 7.2 厘米

地点：1993 年郑州管城建设综合开发公司出土

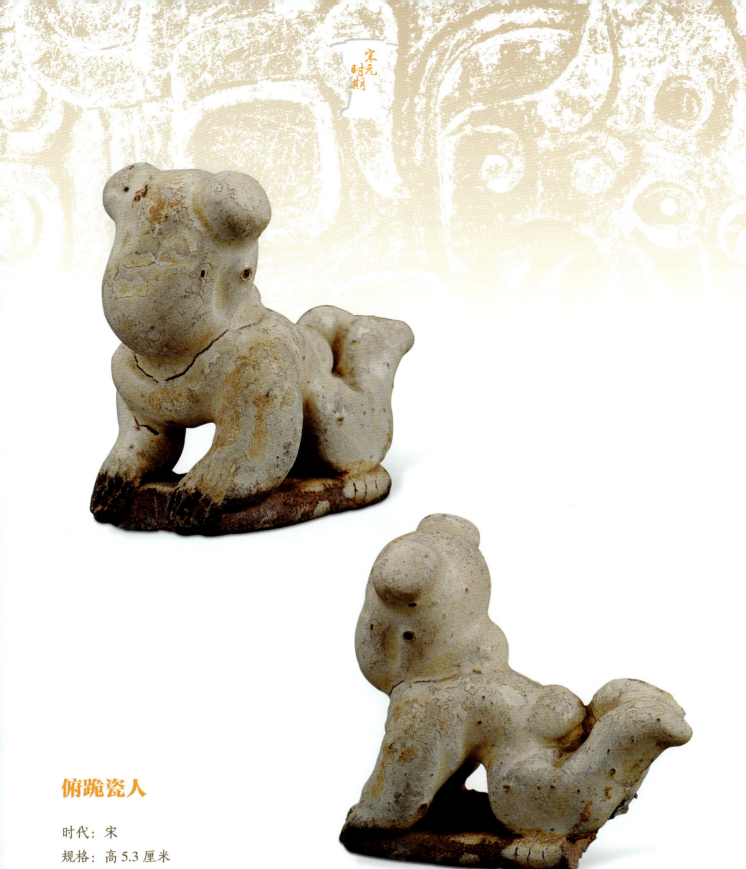

俯跪瓷人

时代：宋

规格：高 5.3 厘米

地点：1990 年郑州市服装总厂出土

青釉瓷蛙

时代：宋

规格：高 4 厘米

地点：2003 年郑州中岳秀峰新天地出土

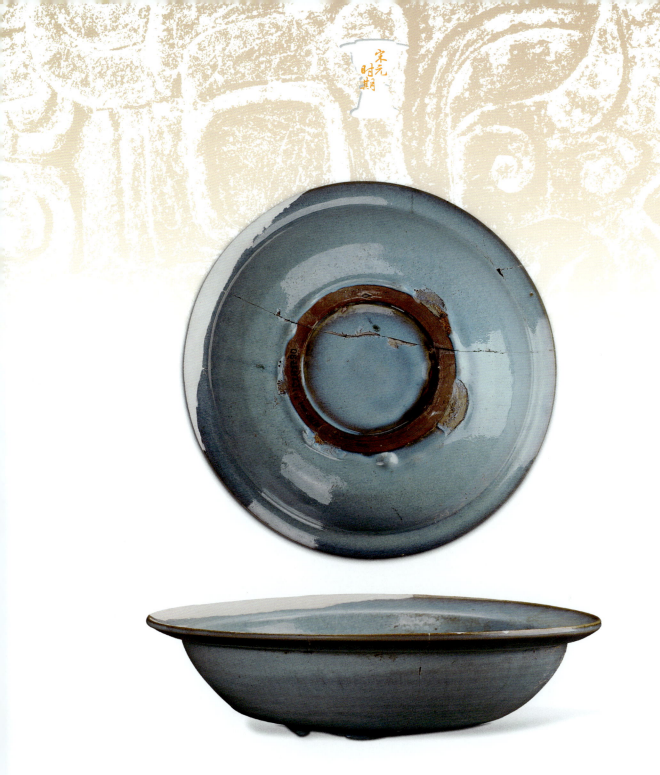

钧瓷蓝釉盆

时代：宋金

规格：口径 43.5 厘米，底径 17.4 厘米，高 10.8 厘米

地点：2008 年郑州康居汇港新城出土

钧瓷蓝釉碗

时代：宋金

规格：口径 9.9 厘米，底径 3.5 厘米，高 5.4 厘米

地点：2008 年郑州康居汇港新城出土

彩瓷碗

时代：元

规格：口径 17 厘米，底径 5.3 厘米，高 6.5 厘米

地点：2003 年郑州长江置业出土

彩瓷碗

时代：元

规格：口径 6.6 厘米，底径 5.5 厘米，高 6.5 厘米

地点：2003 年郑州长江置业出土

陶龙舟

时代：宋

规格：长 23.2 厘米，高 9 厘米

地点：1994 年郑州市服装厂出土

明清时期

青釉龙头瓷砚滴

时代：明

规格：底径 3.4 厘米，高 6.5 厘米

地点：2004 年郑州黄岗寺出土

青花瓷碗

时代：清

规格：口径 14.6 厘米，底径 5.7 厘米，高 4.3 厘米

地点：2008 年郑州疾病预防控制中心出土

银手镯

时代：清

规格：直径 7 厘米，宽 1.4 厘米

地点：2014 年利海财富广场一期工程出土

寿山芙蓉石印章

时代：清

规格：长 3.1 厘米，宽 3.1 厘米，高 8 厘米

地点：2014 年利海财富广场一期工程出土

寿山芙蓉石印章

时代：清

规格：长 3.1 厘米，宽 3.1 厘米，高 8 厘米

地点：2014 年利海财富广场一期工程出土

后 记

　　历经两年多，经过多位技术人员和考古工作者的努力奋斗，辛勤工作，我们终于完成了文物（包含文物遗迹）三维动态鉴赏浏览系统的研发工作。本书的出版则算是对这一成果的初步应用和测试。成果虽小，但是些许创新和实现确实是不易。关于这一创意，记得最早应是在 2013 年 10 月在西安召开的中国考古学会第十六次年会上，我曾与北京大学考古文博学院的李伯谦先生和科学出版社的闫向东先生讨论过，现如今，当这本二维码图册完稿时，岁月匆匆，一晃竟是第三个年头了！

　　在这一过程中，为此项工作做出具体贡献的有张文霞、焦建涛、蔡强、张倩、宋歌，中视新科文物数字化技术团队的曹臻、千绍彬、贺爽、胡尚元、席岩等，没有他们的共同努力和鼎力合作，相信这一创意还会一直只是个创意罢了，尤其是李伯谦先生和闫向东先生对此事曾予以多次鼓励，借此机会在此一并表示衷心感谢！

顾万发

2015 年 3 月 9 日